Un Lugar Celestial

Palabras de amor para llevar un poco

de paz y felicidad a tu vida

JACI VELASQUEZ

con Thom Granger

Traducción por Omar Amador

SIMON & SCHUSTER
Libros en Español

SIMON & SCHUSTER
LIBROS EN ESPAÑOL
Rockefeller Center
1230 Avenue of the Americas
New York, NY 10020

SIMON & SCHUSTER LIBROS EN ESPAÑOL y su colofón son marcas
registradas de Simon & Schuster Inc.

DISEÑO DE JILL WEBER

Hecho en los Estados Unidos de América
2 4 6 8 10 9 7 5 3 1
Datos de catalogación de la Biblioteca del Congreso:
puede solicitarse información.

ISBN 0-684-84985-2

Los permisos para las canciones
aparecen en la página 128.

Agradecimientos

Me gustaría agradecer a las siguientes personas que hicieron posible este libro: a mi familia, sobre todo a mi papá, David Velasquez, a mi mamá, Diana Velasquez, a mi hermano, Dion, y a mis abuelos; a Becky Cabaza y a todos en Simon & Schuster; a Raúl Mateu y a la agencia William Morris; a Thom Granger; y a Mike Atkins, Pamela Muse y Alleyene Sobel. —JV

Mi agradecimiento a Jaci por compartir conmigo tanto de ella misma en nuestras sesiones conjuntas, para que sus admiradores y amigos pudieran realizar sus propios trayectos por la vida más perspicaz y sabiamente; a Mike Atkins por la oportunidad; a Amy Dixon por transcribir las entrevistas; y a mi familia por pasarla bien sin mí mientras yo trabajaba en este proyecto. —TG

Como todo en mi vida, dedico esto a mi Señor

y Salvador, Jesucristo, y a todos ustedes que son y siguen siendo

parte de mí. Ustedes saben quiénes son. Esto es para ustedes.

Contenido

Introducción

Creo que lo que más difícil me resulta es lidiar con mis emociones y lo que siento acerca de las cosas. No siempre me es fácil expresar a los demás todo lo que llevo dentro de mí... ni siquiera a mí misma. Por eso es que no fue fácil escribir este libro. He sido muy honesta respecto a mi vida y a por que ésta no es perfecta, aunque a veces, superficialmente, puede parecer como un cuento de hadas.

Parece que fue sólo ayer que yo era una niña, cuando lo más importante para mí era con quién y a qué iba a jugar. Ahora hay en mi vida tantas cosas realmente importantes, y a medida que creces, comienzas a ver cuáles son algunas de estas cosas. Me da un poco de temor compartir contigo parte de mi historia, pero lo hago por una razón: todavía aprendo a diario algunas lecciones importantes en mi vida, y espero que algunas de las experiencias que comparto aquí te ayudarán a entender tu lugar en el mundo, y también posiblemente te ayudarán a ti y a tus padres a entenderse un poco mejor.

Todos andamos por senderos diferentes durante nuestra jornada en la Tierra, pero nuestras experiencias como cristianos al enfrentar retos y celebrar la vida son bastante parecidas. Espero que a medida que leas mi historia estés de acuerdo.

—Jaci

"Porque nunca me avergüenzo de las Buenas Noticias de Cristo. Ellas constituyen el poderoso método de Dios para llevar al cielo a los que creen. Los judíos fueron los primeros en escuchar la predicación de este mensaje, pero ya el mundo entero está invitado a acercarse a Dios en la misma forma. Las Buenas Noticias nos dicen que Dios acepta por la fe y sólo por la fe. Como dice el Antiguo Testamento: 'El que es aceptado y halla la vida, es aceptado por creer en Dios'".

—Romanos 1:16–17

CAPÍTULO UNO

Haciendo inventario

"Quiero ser como nadie ha sido

Y quiero decir lo que nadie ha querido decir antes

Ponme el sombrero al revés- seré único

Quiero ser diferente- como todo el mundo".

-De la canción "Quiero ser diferente" ("I Wanna Be Different"), de Bob Halligan, Jr.

Es difícil a veces mirarse al espejo, sobre todo cuando te dices a ti misma: "¡Ay, tengo las caderas demasiado anchas!", o "¡Ay, estoy muy gorda!" Y miras las revistas y ves estas criaturas perfectas, perfectas. Miras la cubierta de Cosmopolitan *y ves allí a Claudia Schiffer con su cuerpo perfectamente esbelto y su cabello precioso y sus ojos preciosos y todo lo demás. Entonces te vas a casa y piensas: "¡Ay, caramba, luzco terrible!"*

Recuerdo una vez cuando yo quería desesperadamente tener ojos azules en vez de mis ojos pardos. Tengo una amiga que tiene unos ojos azules preciosos y grandes. Nunca voy a tener esos ojos azules. Pero, ¿sabes qué? Eso se te pasa. Me gustan mis ojos porque tienen una forma almendrada muy especial. Creo que eso viene de la familia de mi papá. Y me encanta mi cabello. ¡Tengo un cabello maravilloso! Sin embargo, todavía hay días en los que haría cualquier cosa por tener los ojos azules.

Cuando tenía, tal vez, 11 ó 12 años, comencé a pensar de manera crítica acerca de cómo luzco. Antes de esa época, no me importaba en absoluto. Pero fue a los 11 o a los 12 cuando todo comenzó, y empecé a decir cosas como: "¡Ay, Dios mío, pero yo no me puedo poner esto!" De pronto, ya no quería usar ciertas cosas porque pensaba que me harían lucir gorda. Comencé a preocuparme por mi apariencia y temía lucir mal. Estos pensamientos pueden llegar a preocuparte mucho.

Sin duda que a mí me preocupan. Pero eso puede convertirse en un problema. Si eres demasiado dura o duro contigo mismo, puedes empezar a perder tu autoestima. Puedes perder la perspectiva de quién eres y de qué eres. Y todo se debe a querer ser algo que no eres, como yo, deseando cambiar dos buenos ojos pardos por unos ojos azules. ¡Eso es algo que no va a suceder!

Lo que es importante es darte cuenta y llegar a saber quién eres. Sé que, ante todo, soy una criatura de Dios; después, soy hija de mis padres y hermana de mis hermanos y mi hermana, y en tercer lugar soy amiga de los demás... Y luego vienen todas las otras cosas que me hacen ser quien soy.

Algo que siempre he sabido acerca de mí misma es que soy una persona muy sociable. Cuando era pequeña, me acercaba a las personas y les hablaba. Mi madre siempre salía a buscarme porque yo me iba y me ponía a hablarles a los desconocidos. "Hola, yo me llamo Jaci. ¿Cómo tú te llamas?" Heme aquí, con tres pies de estatura y hablando con todo el mundo.

En realidad, me gusta ser sociable... casi siempre. No me siento cohibida cuando se trata de conocer a nuevas personas.

Puedo acercarme a cualquiera y decirle: "Hola, ¿qué hora es?" o "Estoy buscando tal cosa, ¿puedes ayudarme?" Pero hay un problema. Siempre he creído que la gente tímida y tranquila son personas listas y serias. Cuando estoy junto a alguien así, me pregunto, "¿qué estarán pensando?" Conmigo, ¡siempre sabes lo que estoy pensando!

Hace años, cuando aún asistía a la escuela pública —ahora recibo mi educación en casa— durante el primer día de clases siempre trataba de actuar como si yo fuera tímida. No hablaba. Eso me *mataba*. ¡Me moría por dentro! Pero no hablaba porque quería lucir *"cool"*. Probablemente yo había visto a algún otro niño o niña actuar así o lo había aprendido de alguna película. Naturalmente, al final del día, hablaba: nunca pude mantenerme callada por mucho tiempo.

El primer día de clases del séptimo grado, una chica de mi aula cantaba algo que sonaba bien. Así que me imagino que quise demostrarle a ella (y a todos los demás) que también yo podía cantar. Ella estaba cantando la versión de Whitney Houston de "Siempre te amaré" ("I Will Always Love You"), y me uní a ella. Me dijo: "¡Qué bien! Tú y yo deberíamos unirnos". Y yo le respondí enseguida: "Claro que sí". Así que al final de mi día de timidez no sólo abrí la boca para hablar... ¡sino también me puse a cantar! Siempre he sido una payasa.

La otra cara de mi personalidad sociable es que, en realidad, rehuyo las conversaciones profundas. No sé por qué lo hago. Me imagino que la gente espera que yo siempre esté feliz y sea divertida. Como cuando mis amigos me preguntan que qué me pasa, yo respondo que no pasa nada, sencillamente porque no quiero hablar del asunto. Sé que eso es algo que necesito mejorar.

Otra cosa que sé de mí, que sé que también necesito mejorar, es que constantemente les estoy diciendo a las personas lo que deben hacer. Soy muy mandona. Cuando era pequeña, hacía que mis vecinitos jugaran conmigo, pero yo era la Cenicienta y ellos eran cualquier otra cosa. Yo decía: "Tú te paras aquí. Y tú aquí. Y esto es lo que vas a decir". ¡Yo era la directora y la estrella de todo! Siempre les decía a los demás lo que tenían que hacer.

Me doy cuenta de que cuando salgo con mis amigos, yo soy siempre la que lo organiza todo. Yo hago los planes. Hago las llamadas. Averiguo qué películas están exhibiendo. Es como si todos esperaran eso de mí. Últimamente, me estoy cansando de eso. Y, en realidad, estoy saliendo con alguien que tiene la misma tendencia a ser el líder. A veces nos enfrentamos, pero estoy comenzando a disfrutar el no sentir que todo el mundo espere que sea yo la que haga los planes.

A todo el mundo le gusta que le presten atención. A mí me encanta pero, últimamente, como he estado recibiendo tanta atención con mi música, no me importa dejar de ser el centro durante un tiempo. Cuando salgo con mis amigos, ya no me importa tanto si soy o no el centro de atención.

Sin embargo, me duele cuando no le caigo bien a alguien. Una vez me quedé a dormir en casa de una amiguita con muchas otras chicas. Por alguna razón desconocida para mí, a una chica, una de las niñas más *"cool"*, yo no le caí bien. Y nos peleamos con las almohadas. Ella puso su puño detrás de la almohada y me pegó. Yo no podía entender cómo era posible que yo no le gustara a esta persona que ni siquiera me conocía... y eso me lastimó en varios sentidos.

Cuando era más joven y daba conciertos junto a mis padres, a veces había niñas al fondo de la sala que hacían burla de cómo yo movía las manos (yo uso mucho las manos cuando canto) o de mis pasos de baile. Cuando se reían de mí, yo me molestaba y pensaba: "¿Por qué no les caigo bien?... Ellas no me conocen, ¿y se están burlando de mí?" Tal vez era que estaban celosas o quién sabe qué, pero eso me lastimaba, y cosas así aún me hieren hoy en día.

Pero también sé que no puedes vivir tu vida de esa manera, siempre preocupándote por la opinión de una persona. Alguien dijo en una ocasión que, en una multitud, le vas a gustar a un 80 por ciento de las personas, mientras que no le vas a gustar a un 20 por ciento. ¡Me preocupo tanto por ese 20 por ciento que me olvido del 80 por ciento! Eso te produce tanta tensión que si no lo superas es capaz de enloquecerte.

Sé que no soy una mala persona; sencillamente, hay cosas a cerca de mí que no me gustan. Me imagino que todos los jóvenes pasan por esto, pero lo que importa es la manera en que nos enfrentamos a ello. Es una trampa en la que se cae fácilmente, la trampa de compararte. Por ejemplo: "Sí, es verdad que mis caderas son anchas, pero las de esa chica son más anchas que las mías". Eso no es justo, ni contigo ni con la persona con la que te comparas.

Si había algo acerca de mí que no me gustaba, mi madre decía: "Recuerda que estás hecha a imagen de Dios, así que no te quejes". Al principio, yo tomaba esto al pie de la letra y pensaba: "Bueno, pero qué tontería. ¡Dios ni siquiera es una chica!" Pero me imagino que comencé a entender que Dios me ama y que Él no mira el exterior. Él no está mirando si mis caderas son demasiado anchas o de qué color son mis ojos.

Algunas personas van a mirarte por fuera y van a criticarte pero, de todos modos, ésas son personas con quienes tú no deseas relacionarte. Tú quieres estar cerca de la gente que va a fijarse en cómo tú eres por dentro.

Las personas que son realmente atractivas son aquellas capaces de admitir "todavía hay cosas que no me gustan de mí", pero que pueden llamar la atención de alguien con una mirada que diga "me siento seguro o segura de mí y sé quién soy".

Tienes que saber quién eres... ése es el secreto. Y, ¿sabes qué?, a la mayoría de la gente no le importa si tus ojos son azules, o pardos, o verdes o morados. Si quieres gustarle a los demás, el primer paso es gustarte a ti mismo.

"Tú hiciste todas las delicadas partes internas de mi cuerpo y las uniste en el vientre de mi madre. ¡Gracias por haberme hecho tan admirablemente complicado! Es admirable pensar en ello. Maravillosa es la obra de Tus manos ¡y qué bien la conozco! Tú estabas presente cuando yo estaba siendo formado en el más completo secreto. Tú me viste antes de que yo naciera y fijaste cada día de mi vida antes de que comenzara a respirar. ¡Cada uno de mis días fue anotado en Tu libro!"

—Salmos 139:13–16

CAPÍTULO DOS

Fuera de control

"Cómo puede divagar la mente

Cómo puede desviarse el corazón

De repente estás al borde de la oscuridad

Cómo me asombra

La manera en que soy llevada

Por un camino que me deja gastada".

-De "Refugio" ("Shelter"), de Mark Heimermann, Dann Huff y Wayne Kirkpatrick

A veces me siento como que voy sobre una montaña rusa de emociones. Soy un poco loca. Paso de estar contenta y emocionada a sentirme deprimida sin razón alguna. Siempre he sido emotiva y dramática. Cuando era más joven, mis hermanos se dieron cuenta de eso y la tomaban conmigo constantemente, molestándome con cosas como "¡eres adoptada!" Y yo me lo creía y lloraba y lloraba y lloraba. Soy muy apasionada, y si está en juego algo en lo que creo, presiono y presiono y presiono hasta que consigo lo que quiero. Mis padres pueden decir, "¡no, no, no!", pero yo diré: "Ustedes no entienden. Necesito esto. Lo quiero. Y debe ser de esta manera".

La cólera es una emoción que puede dar miedo. Recuerdo que cuando era más joven, mis amigas venían a mi casa, desarreglaban mi dormitorio y nunca me ayudaban a limpiarlo. Eso me irritaba. Lo odiaba. Y en un acceso de cólera, una vez golpeé a mi amiga... ¡porque ella no me ayudaba a arreglar mi dormitorio! A veces no puedo controlar mis emociones, pero hay maneras adecuadas e inadecuadas de lidiar con eso. Golpear a alguien no es la solución.

Por otra parte, hay algunas emociones que tal vez yo controlo demasiado. Como la mayoría de las personas en mi familia, realmente nunca lloro delante de los demás. Lo que hago es hablar alto. Pero, por otro lado, a veces me tranquilizo —demasiado— sabiendo que no es lo correcto. Cuando mis amigos y yo peleamos, si no hablamos del problema en ese mismo momento, yo no hablo más del asunto. No soy yo quien va a traer el tema a colación. La otra persona es quien necesita hablar sobre eso. Tengo que mejorar mucho respecto a este problema.

La realidad es que ni siquiera me gusta pensar sobre esto. No me gusta pensar acerca de las cosas que no puedo controlar. Y no puedo controlar mis emociones.

No puedo controlar lo que siento. A veces, sin motivo alguno, alguien no me cae bien. No sé por qué. Nunca me han hecho nada malo. Pero, sencillamente, no me caen bien, y no puedo explicarlo.

La cuestión es que me encanta la gente. Por eso es que hago lo que hago. Pero a veces, lo humano te llega y dices: "Ay, pero que persona tan desagradable. Vete de aquí". Y son ésas las ocasiones en que luchas con tus sentimientos.

Da miedo hablar acerca de las emociones, porque cuando confías a alguien tus pensamientos íntimos, estás compartiendo una parte especial de ti. Sé que puedo confiar en mi familia, aunque en realidad yo no comparto con mis padres todo lo que pienso. Pero tampoco son muchas las personas con las que comparto mis pensamientos.

Parte de esto se debe probablemente a que todavía soy muy joven. Cuando eres niño, todo lo que haces gira alrededor de tu familia. Cuando creces un poco, piensas: "Necesito mi propio espacio. ¡Necesito mi propia habitación! Necesito mi propio teléfono. Necesito mi privacidad".

Pero cuando los demás comparten contigo, esto te dispone más a franquearte con ellos. Tengo una amiga que es tan dramática que te da risa. ¡Es más dramática que yo! Nos parecemos mucho. Ella y yo como que explotamos por todo, pero nos llevamos bien. Es maravilloso ser capaz de compartir tus sentimientos con un amigo en quien confías. Y una conversación sincera puede ser una buena manera de expresar tus emociones.

Vamos a hablar claro: a todo el mundo le gusta poder controlarse. ¡Yo soy una fanática del control! Pero estoy aprendiendo que mis emociones son una parte de mí que no siempre puedo controlar. Creo que es realmente interesante que la Biblia incluya el autocontrol como uno de los frutos del espíritu.

Todos deseamos autocontrol, pero me parece evidente, al leer las Escrituras, que sin la ayuda de Dios no vamos a ser capaces de lograrlo. Ciertas emociones pueden apoderarse de nosotros de momento, empujándonos o arrastrándonos en todas direcciones. Esto da un poco de miedo, pero creo que es fantástico que Dios traiga a mi vida la cualidad del autocontrol a medida que sigo aprendiendo más acerca de Jesús. Él sí que sabía cómo controlar sus emociones y cómo usarlas de la mejor manera posible para ayudar a la gente que amaba.

*"Pero cuando el Espíritu Santo rige nuestras vidas,
produce en nosotros amor, gozo, paz, paciencia,
bondad, fidelidad, y en nada de esto entramos
en conflicto con la ley".*

— Gálatas 5:22–23

CAPÍTULO TRES

Mi familia

"Pero Jesús le dijo: 'No. Vete a vivir con los tuyos y cuéntales
las maravillas que el Señor ha hecho contigo,
lo misericordioso que ha sido contigo'".

-Marcos 5:19

Mi familia ha desempeñado el papel más importante en mi formación, en guiarme y en hacerme quien soy. Se dice "dime con quién andas y te diré quién eres". Así sucede conmigo y con mi familia. Puedes ver a mi familia y saber exactamente cómo yo voy a ser, excepto por el hecho de que yo soy un poquitín más temperamental. Bueno, de acuerdo... ¡mucho más temperamental!

Esto se debe probablemente a la vida que llevo. Y, por si fuera poco, soy muy malcriada. Soy la bebé... así que todos me quieren. Consigo todo lo que deseo y si no lo obtengo, me da coraje. Pero estoy consciente de eso; y en cierta forma existe un equilibrio.

Tengo tres hermanos y una hermana. Mi hermano mayor se llama Mario. Ahora tiene 30 años. Mi segundo hermano, Julián, que tiene 28, se acaba de casar. Y luego está mi hermana Mindy, que tiene 27, y mi hermano Dion, de 26.

Mi hermano mayor y mi hermana, Mario y Mindy, son hijos de otra madre, pero son hijos de mi papá. Julián y Dion tienen un papá diferente, pero son hijos de mi mamá. Y luego, cuando mis padres se casaron, me tuvieron a mí.

Yo no me crié junto a Mario y Mindy, pero veía más a Mario que a Mindy. Era un niño de corta estatura, pelirrojo y pecoso: la imagen del típico niño estadounidense. Pero yo no llegué a conocerlo muy bien cuando era pequeña. Estábamos cerca, pero en ese tiempo no teníamos confianza el uno con el otro. Él tenía 13 años cuando yo nací. No ha sido hasta hace poco que él se ha convertido en una parte importante de mi vida.

Mario es muy tratable —muy parecido a mi padre—, realmente tranquilo, realmente calmado. Nunca pensarías ahora que su vida no ha sido fácil. Sin saber cómo, aunque me imagino que mis padres lo sabían, me enteré de que él tenía problemas con las drogas. Fue una época difícil. Pero hace cerca de un año, finalmente se libró de las drogas. Hasta entonces, él no había sido cristiano, pero ahora lo es, y está tan entusiasmado con el Señor que es increíble. Ha rehecho su vida. Estoy tan contenta por él... y me he acercado más a Mario debido a la clase de persona en que se ha convertido y a las buenas cualidades que siempre ha tenido.

Mi hermano Julián es un tenista profesional que tiene su propio club de tenis. Siempre hemos estado compenetrados. A los 13 años yo me mudé de Houston, pero hasta ese momento él vivió con nosotros, asistiendo al colegio, haciendo todas esas cosas. Pero siempre me molestaba que tuviera novias. Cada vez que él traía a casa a una chica, yo no podía aguantarlo. Eso me sacaba de quicio, porque su atención no era toda para mí.

Ahora comprendo que cuando Julián está involucrado en algo, se dedica a ello por completo. Si quiere ayudar a alguien con el tenis, se concentrará en esa persona como si no existiera nadie más en el mundo. Por eso, cuando había una chica en su vida, todo lo que hacía era hablar y pensar y estar con esa chica. Yo odiaba eso, porque quería que él pasara tiempo conmigo, y eso era una inmadurez de mi parte. Ahora eso me hace sentir mal... ¡tal vez porque ahora sé cómo es tener alguien especial en mi vida! Ahora me doy cuenta por qué se comporta uno así. Quieres darle toda tu atención a esa persona que tanto te interesa. Una de las razones por las que quiero tanto a Julián es porque él es capaz de dar tanto de sí mismo. Es el tipo de hombre con el que te gustaría casarte.

Me es difícil hablar sobre mi hermana Mindy porque no me crié junto a ella y no la conocí bien. Lo mismo pasaba con Mario, pero él siempre tuvo un lugar en mi corazón. Me imagino que yo sentía que Mindy no me daba realmente la oportunidad.

Ella vino a vivir con nosotros cuando tenía 16 años. Pero nunca me hablaba cuando yo era pequeña. Yo estaba ahí no más. En ese tiempo yo pensaba realmente que era *"cool"* tener una hermana, ya que por lo general yo estaba sólo con los chicos. Nunca nos tratamos como hermanas, aunque me habría gustado mucho que ella se hubiera acercado más a mí.

Parte del problema ha sido que Mindy no ha estado cerca de nosotros. Ella ha tenido sus problemas, incluso en cierta forma más que Mario. Pero mi papá la apoya, contra viento y marea. No se le puede culpar. Ella es su niñita. Él la quiere por encima de todo... como Jesús, realmente.

Bueno, Dion es un dolor de cabeza. Pero es un buen dolor de cabeza. Dion ha sido muy rebelde, pero durante los últimos dos años ha madurado y se ha convertido en un buen hombre de Dios.

Cuando era pequeño, Dion no hacía sus tareas. No arreglaba su cama. No hacía lo que mi mamá le decía que hiciera. Así que Julián, como quería tanto a su hermano, iba y arreglaba también la cama de Dion. Y entonces, mamá sorprendía a Julián arreglando la cama de Dion ¡y los dos recibían una paliza! ¡Me encanta esa historia!

Siempre he admirado a Dion. Recuerdo que cuando se fue a la universidad, *Southern Methodist University,* en Dallas, nosotros íbamos a visitarlo y yo tenía muchos deseos de ser como él. En su segundo año universitario, tenía su propio apartamento y un compañero de cuarto. Era *"cool"*. Se vestía con tremendo estilo. Siempre tenía una casa cheverísima. Pero algo que Dion no tenía era una relación estrecha con Dios.

Dion se casó al día siguiente de graduarse de la universidad, pero su matrimonio no duró. Él y su novia vivieron juntos antes de casarse y me parece que perdió la perspectiva de quién era él. Parecía que lo único que le preocupaba era hacerla feliz a ella. A Dion siempre le han gustado las cosas buenas de la vida, y se casó con una chica que deseaba lo mismo. Ella era una buena persona, pero tal vez ella y Dion no estaban preparados para el compromiso que es el matrimonio. Sea como sea, acabaron divorciándose y Dion se mudó para aquí, para Nashville, conmigo y con mi mamá y mi papá. Fue algo curioso: Dion fue el primero en irse de casa y, de repente, regresó.

El mismo día en que se mudó para acá, encontró trabajo. Actualmente tiene un magnífico empleo en el mundo de la música. Está hecho. Y a Dion siempre le gustó la idea de estar en el negocio de la música. Él no puede cantar ni tocar un instrumento, pero adora la música. Y adora a Dios. Y nos considera a mis padres y a mí responsables de muchos de los cambios positivos en su vida.

He aprendido mucho de mis hermanos mayores y de mi hermana: desde formas de vivir mi vida hasta las cosas que debo evitar. Los quiero mucho a todos, y me doy cuenta de que ser la más joven tiene sus ventajas cuando tienes tan buenos maestros.

Mi papá ha sido cristiano toda su vida. Él proviene de una gran familia; es el cuarto de diez hermanos. Cuando era joven comenzó a cantar con un grupo vocal llamado Los Latinos. Se casó con la mamá de Mario y Mindy, pero aquello no terminó bien y se divorciaron. Luego conoció a mi mamá. Él tenía 35 años y ella 24 cuando se casaron. ¡El viejo se llevó a la jovencita! (es sólo en broma, papá).

Una de las cosas que admiro de mi papá es que él quiere a Julián y a Dion como si fueran sus propios hijos. Así los ha considerado siempre. Ellos llegaron a casa cuando eran niñitos y mi padre se convirtió inmediatamente en el padre de ambos. Es maravilloso cuando alguien es capaz de abrir su corazón tan fácilmente. Y los chicos lo aceptaron como su padre de la misma manera en que él los consideraba como sus hijos. Estoy tan orgullosa de tener por padre a un hombre tan bueno.

Papá fue evangelista hasta que yo cumplí dos años. Fue pastor durante unos cuatro años, luego consiguió un empleo y se puso a trabajar durante un tiempo, aunque realmente lo odiaba. Pasó por una verdadera depresión cuando dejó de ser pastor. Entonces, Dios le habló a su corazón y decidió ser evangelista nuevamente y llevarnos a mi mamá y a mí en sus viajes evangélicos. Yo tenía nueve años cuando él decidió hacer eso. Todavía lo sigue haciendo un poco, pero ahora se está dedicando mayormente a ser padre, algo que yo aprecio verdaderamente. No puedo depender de él para que me recoja el vestido en la tintorería —no es el tipo de persona detallista—, pero si dice que va a orar por ti, orará por ti. Siempre puedes confiar en que mi papá estará a tu lado cuando realmente lo necesitas.

Mi mamá se crió en un hogar católico; es la cuarta de siete hermanos. Fue una niña muy modosita mientras crecía, pero entonces se enamoró de un hombre cuando tenía 14 años, salió embarazada a los 16 y se casó con él. Tuvo a Julián a los 17 y Dion llegó dos años después. Se divorció a los 20 y su primer esposo la dejó sola con dos hijos en California, donde no tenía amigos ni familia. Regresó a su casa y vivió con su mamá durante cerca de un año y luego se fue a vivir a Albuquerque.

Durante mucho tiempo trabajó como modelo. También trabajó en un hospital. Hizo varias cosas para poder mantener a los niños.

Entonces, mamá conoció a mi papá cuando ella tenía unos 24 años. Así fue como mis padres se conocieron: Mis tías Sandra y Theresa se fijaron en que en la iglesia a la que ellas asistían iba a presentarse un grupo llamado Los Amigos. Ellas invitaron a mi mamá a que fuera con ellas a la iglesia (durante mucho tiempo se lo habían estado pidiendo). Mi mamá dijo: "Está bien, voy a ir con ustedes sólo para que me dejen tranquila". Así que mi mamá se aparece en la iglesia de mis tías, y ve a estos cinco hombres cantando en el escenario —Los Amigos, el último de los grupos de mi papá— y le pareció que eran la cosa más ridícula del mundo.

Mientras, mi papá cantaba allá arriba con toda su alma y en el instante en que vio a mamá supo que iba a casarse con ella. Era preciosa. Pues bien, él fue a conocerla y a ella no le gustó él. Pero una semana después, ella sintió que quería volver a esa iglesia, no por causa de mi papá sino por Dios. Finalmente, regresó a la iglesia unos dos meses después y se sentó en la última fila. A la semana siguiente, se cambió para la segunda fila. Al poco tiempo, le dio su corazón a Dios.

Dio la casualidad de que el pastor de esa iglesia era el cuñado de mi papá. Papá regresó a la iglesia para ver si volvía a ver esa joven tan bonita. Vio nuevamente a mi mamá y la invitó a salir. Ella le dijo que no. Él se lo pidió de nuevo. Ella siguió diciendo que no. ¡Afortunadamente, al final dijo que sí! Se casaron alrededor de un año después. Ella no quería tener más hijos. Papá sí quería. Acabaron teniéndome a mí. ¡Sorpresa! Ya llevan 22 años de casados.

Mi mamá es la única persona en el mundo que lo sabe todo sobre mí (¡bueno, excepto por unas cuantas cosas que no sé si quiero que alguien sepa!). Ella es la mejor amiga que tengo en todo el mundo, áquella en quien puedo confiar que no dirá mis secretos.

Mamá viaja conmigo. Estamos juntas todos los días. Ella es la única persona de las que viajan conmigo que no tiene que ver nada con el trabajo. La quiero. Es una mujer maravillosa y generosa dedicada a Dios. Las dificultades que enfrentó como joven esposa y madre la fortalecieron y han hecho que yo la respete aún más. Su experiencia también hizo más firme mi resolución de abstenerme sexualmente.

Así que ésta es mi familia. Sé que cuando la gente mira a alguien como yo, ve la imagen de la chica típica de una familia perfecta. Pero yo no tengo una familia absolutamente perfecta. La realidad es que casi nadie la tiene. Todas las personas que conozco tienen algún problema en su familia aunque no lo cuentan.

Creo que la cualidad que mejor definiría a mi familia sería nuestro amor mutuo. Nuestra fortaleza, creo, es que nunca nos damos por vencidos los unos con relación a los otros. Hemos tenido nuestras altas y bajas, pero no miramos al pasado. Perdonamos y seguimos camino. Cada miembro de mi familia me hace amar la vida por una razón o por otra. El tener a mi mamá junto a mí hace que me guste viajar, incluso cuando no me siento con ganas de hacerlo. Mi papá trajo a Mario y a Mindy a mi vida y me ayuda a ver cómo el amarlos trae más amor a mi vida. Dion me hace amarme a mí misma cuando no tengo deseos de hacerlo, y Julián me hace amar la clase de persona que puedo llegar a ser.

Cuando miro a mi familia y siento el amor que mis padres tienen por mí, vislumbro la manera en que Dios me ama. La manera en que Él siente acerca de cada uno de Sus hijos. Es algo semejante a la forma en que mi mamá se siente herida cuando yo le digo una mentira... sé que a Dios le duele que yo diga una mentira. A mi papá le duele tanto cuando yo digo algo desagradable sobre alguien... de la misma manera que le duele a Dios.

Pero Dios no puede bajar y darme un abrazo. Para eso necesito a mi familia. Nadie me quiere como ellos. Me quieren por lo que soy y por lo que puedo ser. Siempre estarán a mi lado y yo siempre estaré al lado de ellos.

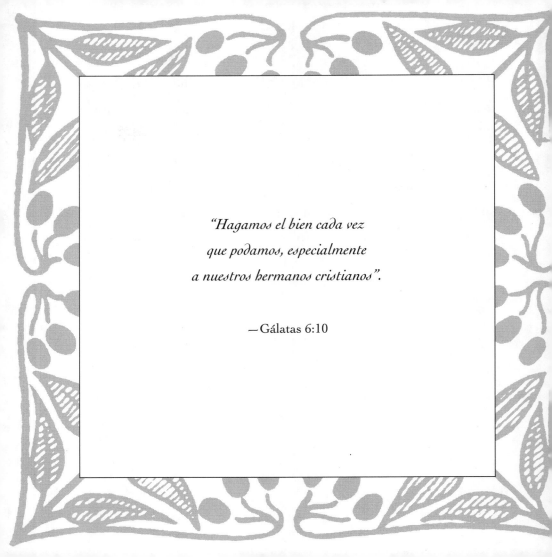

"Hagamos el bien cada vez que podamos, especialmente a nuestros hermanos cristianos".

—Gálatas 6:10

Compartiendo con los demás

> "Más valen las heridas que te inflinge un amigo que los besos que recibes de un enemigo".
>
> —Proverbios 27:6

He aprendido que tienes que ser cuidadosa con los buenos amigos porque ellos son regalos preciosos. Trátalos bien, porque se pueden alejar de ti y nunca los volverás a ver. Con la familia es diferente: están allí para toda la vida, no importa qué suceda. Pero los amigos van y vienen.

Mi primera experiencia real haciendo —y perdiendo— amigos fue con dos niñas de mi antiguo barrio en Houston. Nuestras madres habían estado embarazadas al mismo tiempo, y nosotras nacimos en fechas cercanas. Una de las chicas era alta y rubia, y la otra era de baja estatura y pelo oscuro. ¡Pero las dos eran muy tercas!

En esa época, mi mayor preocupación era "¿puedo jugar hoy? No estoy castigada, ¿verdad?" y cosas por el estilo. Las tres estábamos siempre juntas, jugando con las muñecas "Barbie" o haciendo un *"picnic"* o lo que fuera... y al minuto siguiente estábamos peleando. Siempre eran ellas contra mí. Y como yo nunca estaba enojada con una o la otra, siempre yo era el centro de nuestras peleas. ¡Qué clase de problema!

Luego me mudé para Dallas. Allí, en realidad, no tenía muchos amigos. Cuando nos mudamos de nuevo para Houston, traté de juntarme con mis dos antiguas amigas de la cuadra, pero en esa época ya éramos mayores. Hicimos nuestros propios amigos y nos encaminamos en direcciones diferentes. Supongo que eso es lo que sucede a medida que te haces mayor.

Cuando me mudé para Nashville y comencé a grabar mi primer disco, realmente no la pasé nada bien. No tenía amigos y me sentía bastante deprimida. Pero cerca de la época en que terminamos de grabar conocí a una chica nueva y nos convertimos de inmediato en muy buenas amigas.

Éramos inseparables. Yo siempre estaba haciéndole algo en el cabello o estábamos de compras en el centro. Ella se pasaba noches en mi casa y yo la maquillaba y la peinaba. Y entonces, en la gira *"4Him"*, conocí a un chico y a su compañero de cuarto, que toca con Michael W. Smith, y todos nos hicimos amigos. Los tres tienen más de 21 años. En estos momentos, raras veces tengo amigos de mi edad. Pienso que eso tiene algo que ver con el hecho de que tengo hermanos mayores.

Cuando los cuatro estábamos juntos, lo pasábamos maravillosamente. Siempre estábamos haciendo algo. Todos venían a mi casa y alquilábamos películas, jugábamos, en fin, la pasábamos bien. Nunca antes había experimentado un compañerismo tal. Nunca me había divertido tanto. Cuando la gente me preguntaba: "¿Cómo te sientes por no haber disfrutado tus años de adolescencia?", yo siempre decía: "Yo los disfruto: tengo amigos maravillosos y siempre estamos haciendo algo juntos cuando estoy en casa".

Pero las relaciones son frágiles y las cosas cambian. Mi nueva amiga y yo nos mantuvimos muy unidas durante cerca de un año. Pero después como que nos alejamos. Y cuando ya ella no era parte de mi vida, tampoco lo eran los chicos. Habíamos sido un grupo. Cuando hacíamos algo, era siempre juntos... pero ya no estaba resultando de esa forma. La razón por la que ella y yo nos alejamos fue debido a que había una nueva persona en mi vida: un chico.

Me imagino que yo esperaba poder tener un novio y también tener a mi mejor amiga, pero no sucedía de esa forma. Debido a que yo estaba pasando demasiado tiempo con este chico, ella también quería estar con nosotros y... eso era un poco extraño. Ella me preguntaba, "¿qué van a hacer ustedes?", y se involucraba en nuestros planes. Yo podía entender eso al principio, pero luego descubrí que ella le estaba contando a mi novio muchas cosas personales que yo le había dicho a ella. Él me preguntaba por qué yo no le contaba estas cosas a él. Ella y yo tratamos de seguir siendo amigas, pero no funcionó.

Es muy duro perder un amigo, sobre todo uno a quien has confiado tantos pensamientos y con quien has compartido tantos buenos momentos. Hace poco tratamos de salir juntas y yo la invité a ir al cine. Pero ella tiene ahora nuevos amigos, así que ya no tenemos tantas cosas en común como solíamos tener y eso es importante. Ella ha continuado su camino, y yo, me parece que también.

Es interesante cómo los grupos de amigos a veces nos hacen quienes somos. Cuando yo salía con ella y los muchachos, hablaba como ella y actuaba, en cierta forma, de manera parecida a todos ellos. Y yo nunca había sido el tipo de persona que sigue lo que los demás hacen. Ahora he sentido la influencia de tener un novio, pero tuvo un efecto diferente del que podrías pensar.

Recuerdo cuando él vino a mi casa junto con un grupo de personas. Allí estaban todos mis amigos, éramos unos 20. Él no actuaba como los demás. Era el líder del grupo. Al principio me resultó extraño... ¡porque yo siempre he sido el líder! Él contaba chistes, captaba la atención del grupo... era el dueño de la situación en todo momento y a todo el mundo le encantaba. En mi vida no había otra persona que hiciera eso, pero me di cuenta de que con él no me importaba. Tal vez he madurado un poco en ese sentido, o tal vez hay algo en él que me ayudó a librarme de esa necesidad de ser el centro de atención.

Creo que lo que estoy aprendiendo acerca de las amistades es lo importante que es encontrar gente con quienes puedes manifestarte como realmente eres, y que sean capaces de ser así ellos también contigo. Además de mi novio, tengo dos amigas así y estoy muy agradecida de tenerlas.

Conozco a Kami desde que yo era muy pequeña y hemos sido amigas toda la vida. Ella tiene su grupo de amigos, pero nosotras seguimos siendo amigas. En mi vida, Kami es como una hermana, como una hermana pequeña. Ella es la persona con quien puedo hablar cuando me meto en un lío y sé que ella, pase lo que pase, va a seguir queriéndome. Ella no lo ha hecho todo a la perfección en su vida, así que se da cuenta de que todo el mundo comete errores y por eso es muy propensa a perdonar.

Considero a Christy como la hermana mayor responsable. Respeto sus consejos y trato de ser como ella en muchos sentidos. Es una persona muy buena y sé que estaría a mi lado si llego a necesitarla. Kami también estaría a mi lado. Llegaría tarde... ¡Pero seguramente que estaría ahí!

Kami es como alguien de mi familia. A veces me vuelve loca, pero así y todo, la quiero. Le gusta estar al mando de las cosas y por lo general hacemos lo que ella quiere cuando estamos juntas. Kami se parece a mí en el sentido de que le gusta hacer las cosas a su manera. Y Christy es la otra cara de la moneda. Ella, generosamente, hará lo que yo quiera hacer y parece saber que hay varias formas de solucionar un problema. Diferentes tipos de amigos pueden hacer que salgan a la luz diferentes facetas de tu personalidad. Kami y Christy me han enseñado mucho acerca de mí misma.

Y yo he aprendido que prefiero tener en mi vida dos muy buenas amigas que me quieran tal como soy, que un montón de conocidos que realmente no me conocen.

"Hay 'amigos' que fingen amistad;
pero hay amigos más
entrañables que un hermano".

—Proverbios 18:24

CAPÍTULO CINCO

El juego del amor

"Jehová Dios dijo: 'No es bueno que el hombre esté solo. Le voy a hacer una compañera que sea de ayuda para él en todas sus necesidades'".

-Génesis 2:18

Déjenme comenzar por el principio de todo este lío de los chicos. Cuando tenía 11 años, me enamoré por primera vez de un chico cuatro años mayor que yo. Él fue también mi primera desilusión amorosa. Cuando cumplí 13, comenzamos a intercambiar cartas. En ese momento, él vivía en California y yo vivía en New México con mi abuela. Nunca salimos juntos. Sólo éramos amigos por correspondencia, siempre escribiéndonos el uno al otro. Y de repente... él no me respondió mis cartas. Eso me destrozó el corazón. No lo podía creer. Nos habíamos estado escribiendo durante tanto tiempo. Todo iba tan bien. No era novio mío, pero le faltaba poco para serlo. Y no me escribió más. Fue terrible.

Lo volví a ver. Yo le caigo bien ahora, pero él no me cae bien a mí... de esa forma. ¡Me imagino que siempre es como una caza!

Siempre es: "¿Yo te gusto? Bueno, pues tú no me gustas. Está bien, ahora me gustas. ¿Quieres decir que ahora ya yo no te gusto?" Es así, como una especie de juego.

El siguiente chico en mi vida vivía cerca de mí. Cuando teníamos 11 años, él estaba enamorado de mí pero a mí él no me gustaba. Y entonces, cuando llegué a los 12, comenzó a gustarme, ¡pero ya yo no le gustaba a él! Pienso que eso es algo natural en la vida.

Me dieron mi primer beso cuando tenía 15 años. Él tenía 17 y fue un modelo de Calvin Klein. Lucía un poquito como Antonio Banderas y también tenía un acento parecido al de él. Era guapísimo.

Eso sucedió en Costa Rica, en la semana de mi cumpleaños. Descubrí que él tenía novia. Pero durante esa semana la novia no estaba en el panorama y él estaba coqueteando conmigo. ¿No es eso extraño? Así que ahí estamos: yo loca por él, que es tan bien parecido y tan romántico.

Él, un poco como que me hizo trampa. Mi amiga le dijo que nunca me habían besado. Así que, siendo hombre, tenía que conquistarme. Una noche nos fuimos a la azotea del hotel. La vista era maravillosa, las estrellas brillaban y yo podía escuchar el sonido de la fuente del hotel allá abajo en el patio. Era tan romántico.

Fue algo así como una película. Él me miró y me dijo: "Así que nunca te han besado". Y yo dije: "¡No quiero hablar de eso!

Me da vergüenza". Así que hablamos de otras cosas... durante un rato. Entonces él me preguntó: "¿Puedo besarte?" Y yo dije: "No sé". No sabía qué otra cosa responder. Pero es que yo había soñado con este momento durante años. De pronto, él se inclinó hacia mí y me besó.

Después de eso, no me besaron durante dos años. Hubo un par de chicos que me gustaron durante ese tiempo, pero no estaba realmente interesada en ninguno.

Entonces, alguien especial llegó a mi vida. Lo conocí un día en que, después de salir de la iglesia, todos nos fuimos a cenar. Estábamos hablando (él me parecía un chico monísimo) y me aproveché de esta pregunta para darle mi número de teléfono: "¿Así que tú escribes?" (estábamos hablando de música). Él dijo: "Sí, por supuesto". Yo dije: "Pues te voy a dar mi número de teléfono. ¿Por qué no escribimos algo juntos?" Hasta el día de hoy no hemos escrito nada, ¡pero el truco dio resultado!

Bueno, dio resultado al cabo del tiempo. Él no me llamó durante dos meses. Entonces lo vi de nuevo en la iglesia y me dijo: "Perdí tu número. Lo escribí detrás de un recibo y lo puse en mi billetera. Pero yo boto los recibos todas las semanas y tu número estaba en uno de ellos". Así que yo le dije: "Está bien, te lo voy a dar otra vez. Vamos a juntarnos para escribir algo". Pensé que él estaba tratando de ser amable. No pensé que me iba a llamar. Pero me llamó dos días después. Respondí el teléfono y me emocioné tanto que comencé a dar saltos en la cama. Dos días después, vino a mi casa. Había muchas personas en mi casa y ésa fue la primera vez que un chico que me gustaba venía y compartía con todos en la casa.

Siempre había oído decir que una buena manera de conocer bien a alguien es saliendo en grupo pues, nunca se sabe, tal vez pudiera ser un tipo medio loco. Por lo menos en un grupo te puedes alejar de esa persona. Así que todos salimos juntos alrededor de un mes antes de salir nosotros dos solos. ¡Afortunadamente, mi nuevo amigo no era un loco!

Yo nunca había salido sola con un chico. Pienso que es porque nunca realmente quise hacerlo. Siempre pensé que salir con un chico era un lío. No tenía sentido para mí. Yo veía a las chicas con novios y eso me parecía bien, pero nunca quise salir con alguien sólo para pasarla bien. Tal vez me estaba adelantando demasiado, pero me imagino que, hasta ese momento, mi actitud hacia los chicos con los que hubiera podido salir era: "¿Te casarías con esta persona?", y no: "¿Quiero llegar a conocer mejor a esta persona?" Cuando conocí a este chico pensé, "Podría pasar mucho tiempo con él".

Después que reconocí ese sentimiento, comenzaron a surgir en mí una serie de emociones. Les conté a algunas de mis amigas acerca de este nuevo chico que era tan amable, pero no les decía todo: yo estaba tratando de parecer como que no me interesaba mucho. Sí le hablé mucho a Dios acerca de eso. Y Él sabía lo que estaba pasando en mi corazón. Al principio, no podía dormir por las noches. Nunca me había sentido tan emocionada respecto a alguien. Así que decidí salir con él. ¡Finalmente, pude dormir!

He estado pensando en cómo esta relación, la más estrecha que he tenido con un chico, es diferente a la que tengo con mi mejor amiga. Es parecida en el sentido en que siento que puedo hablarle a él acerca de todo. Es diferente porque a veces no quiero contarle todo.

Pero la comunicación es algo necesario cuando se trata de relaciones. Y yo no soy muy buena comunicándome de esa manera. De pronto estoy descubriendo que tengo que hacerlo. Tienes que decirle a los demás lo que sientes, porque si no, la relación no se desarrolla. Nunca llegará a ser nada.

Mi novio sabe comunicarse. Es una persona abierta. A veces se enoja mucho conmigo y me dice: "Háblame. No me des rodeos. Habla conmigo". Eso es difícil para mí, pero creo que Dios me ha enviado un amigo que me está enseñando a compartir mis sentimientos, a no dejar nada adentro. Como dije antes, no me gusta meterme en conversaciones profundas, pero con él tengo que hacerlo. Tengo que hacerlo porque si no lo hacemos no tendremos la base emocional que le hace falta a toda relación.

Para mí es importante que esta relación tenga una base real. Me case con él o no, tengo que mirarlo como a alguien con quien podría acabar casándome. Si no puedo hacerlo, ¿qué sentido tiene salir con él? Sé de algunos que, después de salir dos veces con otra persona, piensan: "Caramba, de verdad que me gusta esta persona y quisiera estar con ella toda la vida". Luego, tres semanas después, dicen: "Bueno, yo lo hacía para divertirme un poco. No era una cosa seria, ni nada por el estilo". Yo no quiero hacer eso. Las personas son más importantes que eso y las relaciones son algo de incalculable valor.

"Porque yo he visto el sufrimiento

Que la soledad puede causar

Cuando decidimos entregar nuestro amor

Sin una razón justa".

—De "Yo prometo" ("I Promise"), de Jaci Velásquez
y Johnny Ramírez

CAPÍTULO SEIS

La llama interior

"Por eso les digo que huyan de los pecados sexuales. Ningún otro tipo de pecado afecta al cuerpo como éste. Cuando uno comete este pecado, peca contra su propio cuerpo. ¿No saben que el cuerpo es templo del Espíritu Santo que Dios le dio, y que el Espíritu Santo lo habita? El cuerpo no es nuestro, porque Dios nos compró a gran precio. Dediquemos íntegramente el cuerpo y el espíritu a glorificar a Dios porque a Él pertenecen".

-1 Corintios 6:18-20

Si todas las relaciones humanas tienen un valor incalculable, entonces no hay nada más preciado para mí que la idea de una relación en la cual está involucrada mi sexualidad. Compartirme sexualmente con alguien es compartir la parte más íntima de mi ser y convertirme en lo que la Biblia llama "una misma carne" con esa persona. En otras palabras, es el acto que consuma un matrimonio. Y sabiendo eso, le he hecho una promesa a Dios: llegar virgen al matrimonio. Tengo la intención de cumplirla.

Hice esa promesa cuando tenía 13 años, a mí misma, a Dios y a mis padres. Naturalmente que mis padres me habían hablado sobre temas sexuales, y sabía que ellos deseaban que me mantuviera firme en este aspecto. Pero eso era algo que yo quería hacer también... por mí.

Yo tengo una opinión demasiado buena de mí misma como para entregarle a cualquiera mi parte más privada. Sé que si me conservo virgen hasta que me haya casado, eso va a tener un significado especial. Quiero tener esta primera experiencia con el hombre que amo y con quien sé que voy a pasar el resto de mi vida.

No quiero darle a cualquiera una parte de mí misma y ver después cómo esa persona se va de mi vida. Cada vez que te compartes de una manera tan íntima, le estás dando a otra persona una parte de tu ser, una parte de tu pasado, una parte de tu futuro.

Decidir permanecer pura y mantener esa promesa son dos cosas diferentes. Yo hice mi promesa cuando tenía 13 años, antes de haber estado involucrada en una relación. Cuando estás enamorada de alguien y sientes por esa persona de la misma forma en que yo me siento con respecto a mi novio, hay momentos en los que no es fácil mantener esa promesa. A veces nos besamos y nos apasionamos. En ese momento, algo se dispara en mi interior y me detengo. Y se lo hago saber a él: "No me toques de esa forma. No quiero sentir eso. Porque si siento eso, voy a querer más. Y no quiero que las cosas se salgan de control".

Nunca es bastante. Cuando besas, eso te encanta y es algo maravilloso. Después quieres más, naturalmente, pero Dios ha reservado esa bendición para aquellos que se comprometen el uno al otro en matrimonio para toda la vida, algo que es sagrado.

Sé que es fácil enredarte en situaciones de las que es muy difícil salir. Y sé que es fácil culpar a los chicos de forzarnos a tener relaciones sexuales con ellos. Vamos a hablar claro: sería fantástico que un hombre mostrara suficiente autocontrol como para poner fin a una situación antes de perder el control. La realidad es que la mayoría de las veces ellos no lo hacen, así que es la mujer la que tiene que establecer los límites.

Sé por mí misma y por la mayoría de las chicas que conozco que el hombre va a hacer lo que la chica quiera hacer. Tiene que ser ella la que establezca los límites, tanto para ella como para la relación en este aspecto.

De lo que se trata realmente es de ser responsable de ti misma, de tu propio cuerpo y de tus propias decisiones. No puedes culpar a nadie porque una situación sexual se salga de control, a menos que estés hablando de violación.

Creo que la mejor manera de enfrentarse a la sexualidad en una relación es hablar abiertamente de ella el uno con el otro aun antes de que llegues al "calor del momento". Yo hice eso con mi novio por teléfono. Nos dimos un primer beso y noté que yo actuaba de manera diferente junto a él durante un par de días después de que eso sucedió. Nos sentíamos muy incómodos el uno con el otro.

Pensé acerca de eso y me di cuenta de que habíamos pasado un límite, nada acerca de lo cual me pudiera sentir mal, pero algo que me hizo darme cuenta de que yo tendría que lidiar con esto... y rápidamente. Así que le dije: "Bien, vamos a hacer este trato. Tú no puedes tocarme aquí, ni aquí, ni besarme de tal forma, ni estar a solas conmigo de esta manera". Se pusieron las cartas sobre la mesa... y yo me preguntaba qué era lo que él iba a decir. Lo maravilloso fue que él estuvo de acuerdo totalmente y ambos nos sentimos mejor de haber podido hablar de ello abiertamente.

Pero, ¿qué habría pasado si a él no le hubiese gustado lo que yo dije? Éste es el momento en que tienes que recordar la promesa que te hiciste a ti misma y a Dios, y plantarte firme en lo que piensas. No es fácil cuando alguien se burla de ti a causa de las cosas en las que crees. Pero no debo tener una relación con alguien que no comparte mis convicciones... ni tú tampoco debes.

Entonces, ¿qué haces si te encuentras en una situación embarazosa antes de que hayas podido aclarar tus intenciones de mantenerte pura? Seguro que no es nada fácil. Sé que yo siempre le ruego a Dios que me mantenga consciente de mis acciones. Consciente de que cuando estoy haciendo algo en lo que podría enredarme, puedo dar marcha atrás y observarme y ver lo que estoy haciendo. Siempre he orado por eso. No es que yo piense que le voy a hablar a Dios cuando estoy en ese tipo de situaciones, pero sin duda que eso ayuda.

Lo más importante que puedo enfatizar es que te asegures de que la persona con la que tienes una relación quiere lo mismo que tú. Porque la tentación se presenta, y si ya has hablado de eso con anterioridad, uno de ustedes dos podrá hacer que las cosas se detengan antes de que se pierda el control.

Ahora viene la pregunta difícil, la que a veces algunas chicas cristianas me hacen en sus cartas. ¿Qué pasa si ya te has entregado y te sientes muy mal con respecto a eso? ¿Volverá todo a ser como era antes?

La respuesta es sí... y no. Una de mis mejores amigas ha sido cristiana toda su vida, pero ha tenido algunos problemas y ha hecho muchísimas cosas que no debería haber hecho. Sé que le pidió a Dios que la perdonara y que Él la ha perdonado. Pero los humanos no olvidamos nuestro pasado, y nuestros pecados y los pecados de los demás permanecerán siempre en nuestra memoria. Por eso es que ella tiene que perdonarse a sí misma y prometerse a sí misma y a Dios que se mantendrá pura hasta que se case. Ella ya lo ha hecho, pero, ¿es lo mismo que antes de cruzar ese límite?

Sé que yo solía tener pensamientos y sueños románticos acerca de mi primer beso. Pero no me consumía la lujuria; no era algo real para mí, sino sólo un sueño lejano. Pero ese primer beso cambió todo en mi vida porque después que lo experimenté quería otro más. Y pienso que lo mismo pasaría con el sexo.

No puedes ser virgen de nuevo. Pero puedes ser virgen de nuevo en tu corazón. Dios puede restaurar tu inocencia si se lo pides, y el Espíritu Santo te mantendrá bajo control si le pides a Dios que te ayude a mantener tu promesa, como yo lo he hecho. Sé que Dios tiene reservado a alguien para cada uno de nosotros, una persona especial que nos traerá toda la alegría del mundo. Pero tenemos que estar dispuestos a confiar en que Él nos enviará a esa persona, y a esperar.

"Por eso prometo serte fiel

Vivir mi vida puramente

Para ti

Esperando el día

En que te oiga decir

Éste es el que he creado

Sólo para ti".

—De "Yo prometo" ("I Promise"), de Jaci Velasquez
y Johnny Ramírez

Los sueños se hacen realidad

"¡Después de haber derramado mis lluvias de nuevo, yo derramaré mi Espíritu sobre todos ustedes! Vuestros hijos e hijas profetizarán, vuestros ancianos tendrán sueños, y vuestros jóvenes, visiones".

-Joel 2:28

Cuando yo era una niñita, soñaba con ser médica. Me imagino que todo el mundo cuando es niño quiere ser médico o tal vez astronauta. Hubo un tiempo en que quise ser abogada. Tal vez porque mi hermano estaba en ciencias políticas y estaba estudiando para ser abogado. Yo pensaba que eso sería realmente "cool".

Tuve otro tipo de sueños —sueños románticos— en los que quería ser una princesa y me imaginaba lo maravilloso que sería mi caballero de armadura reluciente. Estaba segura de que él me llevaría a su castillo y viviríamos allí felices por el resto de nuestras vidas.

En ciertos aspectos, pienso que mi vida ha sido bastante parecida a un cuento de hadas. Comencé a cantar en público a los

10 años. A los 15, firmé mi contrato con Myrrh Records y presenté mi primer disco un año después. Todos los sencillos del disco llegaron al número uno de la lista de popularidad discográfica. Todos estos "sueños" han sucedido realmente y la oración siempre ha desempeñado un papel en ayudarme a alcanzar mis metas.

Cuando tenía siete u ocho años, le pedí a Dios que me enviara un perro especial. Busqué en una enciclopedia de perros y descubrí el que yo quería: un "lhasa apso". Unos cuantos meses después, unas personas que tenían un cachorro "lhasa apso" estaban regalando su perro más viejo. Se enteraron de que yo estaba buscando un perro y me lo dieron.

Cuando tenía 12 años, rogué por poder cantar en la Casa Blanca antes de cumplir los 13. Y, efectivamente, el 16 de septiembre canté en la Casa Blanca para el *"Congressional Hispanic Caucus"*. Canté "Dios bendiga a América" para la invocación (la plegaria de apertura). Un mes después, cumplí 13 años.

Sé que algunas personas dirían que es peligroso creer que tus sueños pueden convertirse en realidad. Pero la verdad es que yo creo que siempre he orado por cosas que, de una manera u otra, han sucedido. Creo que todas y cada una de las veces en que oras, Dios mira a tu corazón y sabe si esos sueños van a ser buenos para ti. Y las cosas por las que oré —el deseo infantil por un perrito, un gran sueño de cantar en la Casa Blanca— fueron en realidad buenas para mí. Ver que cosas como éstas han sucedido han hecho que Dios sea algo muy real en mi vida.

Cuando los sueños se hacen realidad, pocas veces suceden de la forma en que pensaste que lo harían. No mal, sino diferente. ¿Has escuchado el dicho, "ten cuidado con lo que pides, porque puede que se te dé"? Creo que ahora entiendo lo que eso quiere decir.

El sueño más grande de mi vida era poder cantar para Dios, y se ha convertido en realidad... pero no como yo lo soñaba y no como yo lo esperaba. Recuerdo que cuando yo era pequeña, mi familia y yo nos sentábamos a ver en televisión la transmisión de los Premios *"Dove"* todos los años y yo soñaba con llegar a ser parte de eso algún día.

Ese sueño se convirtió en realidad. Y junto con eso vino la oportunidad de conocer a tanta gente que he admirado toda mi vida —Amy Grant, Michael W. Smith—, personas que han sido parte de mi sueño.

Sin embargo, en lo que se refiere a giras, yo sabía en lo que me estaba metiendo. He hecho esto constantemente durante ocho años con mi papá. El problema es que ahora tengo en casa tantas más cosas que antes, que no quiero estar fuera tanto tiempo. Tengo amigos y familia, ¡y también tengo un verdadero hogar al que regresar! A veces no quiero irme para la próxima gira pero también sé que, al menos por ahora, no podría soportar estar en casa siempre porque toda mi vida me la he pasado viajando. No conozco otra cosa.

Nunca me imaginé cuántas personas estarían involucradas en hacer que mi sueño se realizara. Mientras que antes solamente éramos mi familia y yo, ahora hay una agencia de contratación, administración, una compañía de discos, ¡tanta gente! Ellos son maravillosos y yo no podría hacer todo esto sin ellos; son el equipo que me apoya. Pero también es un desafío nuevo para mí ser parte de un equipo tan grande como ése. Y también me ha hecho darme cuenta de que a veces necesitas un poquito de ayuda (y a veces *mucha* ayuda) por parte de la gente que te rodea para alcanzar lo que deseas.

Así que mi sueño de niña, ser cantante como lo era mi papá, se hizo realidad, igual que un cuento de hadas... pero no es de la forma en que yo pensé que sería. Muchas niñitas sueñan con ser una princesa de un cuento de hadas y vivir felices para siempre, pero la verdad es que nunca viven felices por siempre. Piensa no más en el hecho de que la princesa llevaba un vestido largo todo el tiempo: sin duda que lucía maravillosa, ¡pero nunca pudo ponerse *"jeans"* y una camiseta!

Es importante que sepas que hay que trabajar para hacer que tus sueños se conviertan en realidad. Puedes ser todo lo que quieras ser, con la ayuda de Dios, pero Él no lo va a hacer todo por ti. Algunas personas pudieran pensar que yo salí de la nada y que comencé a cantar el día en que grabé mi primer disco. Pero yo trabajé muy duramente durante seis años junto a mi familia. Nosotros dejamos la casa cuando yo tenía 12 años y nos dedicamos a hacer giras constantemente. Pusimos nuestras cosas en un almacén y nos metimos en nuestra casa sobre ruedas y salimos andando... sólo con nuestra fe. Y a veces eso significaba ir a iglesias donde había 50 personas y salir de la iglesia con $35, después de conducir todo el día para llegar allí.

Así que sueña y desea y ora y planea... pero espera siempre la voluntad de Dios. No todo va a salir siempre de la forma en que tú lo planeaste. Mucha gente que va a la universidad y estudia una especialidad, por lo general acaba haciendo algo totalmente diferente de lo que imaginó en la universidad. Mi hermano, que estudió Ciencias Políticas e inglés, ahora trabaja en una compañía de publicaciones musicales. Por lo general, las cosas nunca salen exactamente de la manera en que las planeas.

Puedes tener tus sueños, pero manténte abierto a lo que Dios sueña para ti. Porque eso es lo que va a hacerte más feliz.

"Puede ser que Él sólo esté esperando para ver
Si yo aprenderé a amar los sueños
Que Él ha soñado para mí.
No puedo imaginarme lo que el futuro me depara
Pero ya yo he tomado mi decisión
Es aquí donde me detengo hasta que Él me impulse
Y yo escucharé su voz".

—De "Yo escucharé" ("I Will Listen"), de Twila Paris

CAPÍTULO OCHO

Mi propio Dios

"En aquella ocasión los discípulos le preguntaron a Jesús cuál de ellos ocuparía el cargo más importante en el reino de los cielos. Jesús llamó a un niño de los que andaban por allí y lo sentó en medio de ellos. Y dijo: 'Si no se vuelven a Dios arrepentidos de sus pecados y con sencillez de niños, no podrán entrar en el reino de los cielos. En otras palabras, el que esté libre de altivez como este niño, tendrá estatura en el reino de los cielos'".

-Mateo 18:1-4

Yo fui salvada cuando tenía cinco años. Algunas personas dirían: "¿Cómo puedes haber sido salvada a los cinco años? ¿Salvada de qué?" Es decir, yo no era una tremenda pecadora ni nada por el estilo cuando tenía cinco años. Pero creo que entendí que es importante dar ese paso y, súbitamente, sentir el poder de Dios y saber que Él ha llegado a tu vida... y la ha cambiado.

Yo siempre estaba en la iglesia. Cuando era pequeña, todos teníamos que ir a la iglesia todos los domingos. Y como mi papá era pastor, y mi mamá era la esposa del pastor, nadie podía quedarse en casa conmigo. Así que incluso cuando estaba enferma, tenía que ir a la iglesia. Así eran las cosas.

La iglesia era como nuestro hogar lejos del hogar, y a veces era difícil. Y como éramos hijos del pastor, alguna gente de nuestra iglesia siempre nos miraba con atención. Nos miraban de manera muy crítica, como si esperaran ciertas cosas de nosotros. Mis hermanos eran, sinceramente, los jovencitos que mejor se comportaban en la iglesia. Pero uno de ellos estaba tomando clases de teatro y participaba en muchas obras dramáticas en la escuela. Algunos miembros de la iglesia les preguntaban a mis padres: "¿Por qué dejan que su hijo haga eso?" Esas cosas me volvían loca.

En nuestra familia a menudo pasábamos los sábados en meriendas campestres de la iglesia. Yo odiaba estos *picnics* de la iglesia. Siempre tenía que jugar con todos los chicos de la iglesia, y había un niñito que me perseguía y trataba de besarme. Lo único que yo deseaba era pasar un tiempo con mi familia los sábados o ir al cine donde exhibían películas por un dólar. Pero nosotros íbamos a los *"picnics"* de la iglesia. Comencé a interesarme más en ellos cuando crecí y mi papá me animó a comenzar a cantar en la iglesia.

Una de las primeras veces en que realmente recuerdo haber pensado en Dios fue cuando se estaba ofreciendo la comunión en mi iglesia. Recuerdo haber querido participar en eso, pero no podía y yo no sabía por qué. Cuando le pregunté a mi mamá, ella me dijo: "Bueno, primero tienes que entender que Jesús murió por tus pecados y derramó Su sangre y dio Su cuerpo". Y pasó otra comunión, y yo sin recibir ninguna. Esto pasó muchas veces y pensé en lo que mi madre me había dicho y en lo que escuchaba cada domingo en la iglesia. Un día, le dije a mamá: "Sabes, yo entiendo. Entiendo que Jesús es mi único padre y que Él es mi Dios y que me ama. Y sé que Él murió por mis pecados". Finalmente, pude participar en esta ceremonia tan especial.

He sido cristiana casi toda mi vida, pero no fue hasta hace unos cuatro años que Dios comenzó a hacerse real para mí.

Cuando somos jóvenes nos resulta fácil depender de la relación de nuestros padres con Dios. Pero yo decidí que no quería seguir haciendo eso. Comencé a darme cuenta de que mis padres no podían ser responsables de lo que yo hacía y de lo que haría. Comencé a entender que yo era responsable de mis propias acciones.

Pienso que esta conciencia tuvo algo que ver con mi integración a la música cristiana. Cuando las puertas comenzaron a abrirse realmente para mí, me di cuenta en ese mismo instante de que aquello era obra de Dios... porque la música fue siempre uno de mis sueños y Él lo sabía.

Entonces las cosas comenzaron a cambiar, de cantar en las iglesias con mi familia, hasta ir y dar mis propios conciertos, luego firmar mi contrato con la compañía de discos... ¡y todavía hay más! Comencé a sentir como que yo no tenía suficiente para dar a la gente. Comencé a sentir que si lo daba todo, no me quedaría nada para mí ni para Dios.

Siempre estaba viajando, dando muchísimos conciertos. Ahí estaba, cantando canciones cristianas, pero en cierta forma mi relación con Dios estaba sufriendo. A veces, cuando te involucras demasiado en una parte de tu vida, como yo lo estaba, te olvidas de cuán sencillo puede ser permanecer cerca de Él.

Siempre había leído mi Biblia con frecuencia. Pero lo que funcionó para mí fue que comencé a hablarle más a Dios, a hablarle sencillamente de una manera informal, no arrodillándome ni nada de eso.

Ahora sé que mi relación con Dios es mía. Y sé que Él no es tan sólo un ser. Sé que Él es mi amigo, un amigo que quiere conversar. Él no sólo quiere escuchar lo que nosotros pensamos que Él quiere escuchar. Quiere escuchar lo que realmente estamos pensando, aunque Él lo sepa. Abrirse y ser honesto ante Dios significa que tienes que indagar en tu propia alma. Y hablarle como a un amigo puede ser una buena manera de examinar lo que hay en tu corazón.

Lo más importante es que he aprendido que Él es *mi* amigo. No el amigo de mis padres al que le hablo porque se supone que debo hacerlo. Estoy aprendiendo que lo que importa no es lo que mis padres esperan de mí o lo que la iglesia espera de mí. Lo que cuenta es lo que Dios espera de mí y lo que yo puedo hacer por Él.

Algunas personas piensan que estás loca si dices que Dios te habla. Pero yo pienso que Dios nos habla constantemente. Yo creo sinceramente que lo que el mundo llama conciencia es la tranquila y pequeña voz del Señor hablándole a tu corazón.

Pienso que Él te está dando respuestas de las que ni siquiera estamos conscientes, a menos que escuchemos atentamente. Cuando escucho una voz interior que dice "yo no haría eso", es Él hablándome, y así es como creo que le habla a todo el mundo.

Naturalmente, no siempre presto atención a esa voz. Mientras más me acerco a Dios, más me doy cuenta de cuántos problemas me podría haber evitado si lo hubiera escuchado más atentamente. Yo solía pensar: "En realidad no he hecho nada malo. Bueno, hubo esa vez en que me pasé la noche en la casa de una amiga y nos escapamos. Me sentí realmente culpable acerca de eso". ¡Pero estoy comenzando a ver que he sido un lío para Dios y para mis padres la mayor parte de mi vida!

La gente siempre me ha visto como una chica dulce e inocente que nunca haría nada malo. Pero no soy perfecta. He hecho cosas que no debería haber hecho. Les he mentido a mis padres... y eso está mal. Ahora sé que si les digo la verdad, no importa lo que haya hecho, ellos me van a respetar más que si les miento. Nuestra relación será más sólida si soy honesta con ellos. Y sé que ellos van a perdonarme. Y pienso que lo mismo sucede en mi relación con Dios. La Biblia dice: "Si confiesas tus pecados, Él perdonará tus pecados porque es fiel y justo". Pero cuando evitamos hablarle a Dios acerca de nuestros pecados, o cuando tratamos de ocultárselos (como si se pudiera), nos alejamos de Él y somos nosotros los que sufrimos. Siempre.

Aunque me fue difícil aceptar el hecho de que yo tenía un "lado oscuro", eso probablemente me ha ayudado más que cualquier otra cosa que puedo pensar. Me hizo darme cuenta de lo débil que soy sin Dios y de lo fuerte que puedo ser con Él.

De rodillas" *("On My Knees")* es la canción que prefiero interpretar cada vez que canto. Muchos chicos y chicas se me han acercado, muchos de ellos hijos de predicadores, para decirme cosas como: "Mi papá es pastor y yo he sido criada dentro de la iglesia, pero cuando escucho 'De rodillas', me siento bendecida". También a mí me produce ese mismo efecto. A veces, cuando la canción me está emocionando realmente, siento una mezcla de dolor y alegría y casi me dan ganas de llorar... porque pienso en mi vida.

Como dice la letra, hay días en los que siento deseos de "dejarme ir y remontarme en el viento". Pero a veces hay días en la vida cuando hay tantos problemas, y has hecho tantas cosas incorrectas, que has formado un tremendo lío. Pero ten en cuenta que, aun así, puedes ir ante el Señor. Él está allí, esperando. Ten en cuenta que aún puedes hablarle. No has perdido esa capacidad. No has perdido ese privilegio. Nunca lo perderás.

"Hay días en los que siento que lo mejor de mí va a comenzar
Y hay días en los que siento deseos de dejarme ir y remontarme
en el viento
Porque he aprendido, en medio de la risa o el dolor, cómo
sobrevivir
Me arrodillo, me arrodillo
Así, estoy ante el amor que me transforma
Ves, no sé cómo, pero siento poder cuando estoy de rodillas".

—De "De rodillas" ("On My Knees"), de David Mullen, Nicole
Mullen y Michael Ochs

Epílogo

¿Yo, escribir un libro? Aún me parece extraño que yo pueda escribir acerca de mi vida, y aquí está, para que todos lo vean y lo lean de un tirón, pero a mí me llevaría una vida entera conocer todas tus historias (¡sí, me refiero a ti, que estás leyendo este libro!). He escrito lo que es verdadero e importante en mi vida. Tal vez no escribí lo que querías o lo que esperabas leer. Pero es que no has leído acerca de cómo mi vida debería ser... has leído acerca de cómo es mi vida, con sus locuras, sus fallas y todo lo demás.

Aunque he compartido contigo algunos de mis recuerdos más antiguos y he tratado de ponerte al tanto del presente, este libro sólo ha captado un corto período de mi vida. Mi vida ha cambiado muchísimo desde que terminé *Un Lugar Celestial* y parece que cambia casi todos los días. Sé que soy diferente de la mayoría de ustedes debido a mi trabajo pero, básicamente, me parezco mucho a ustedes porque necesito y aprecio a mis amigos, a mi familia, a mis compañeros de trabajo y, sobre todo, mi relación con el Señor. A diario me siento impulsada en una u otra dirección, pero sé que si mi mundo cambiara mañana, si la base de él se cayera, yo caería dentro de ese corazón que me ha perdonado y me ha amado tantas veces.

No más el otro día experimenté ese sentimiento increíble que tienes cuando, súbitamente, te sientes tan *viva*. Fue un día en el que sentí tantas emociones distintas, tantos estados de ánimo diferentes, que me sentí como si yo hubiera atravesado un límite y mi vida ya nunca fuera a ser igual. Mientras me preparaba para un desafío especialmente importante, una parte de mí pensó: "¡Ay, no, esto no!" Pero entonces me di cuenta de que ya no puedo sentir temor de lo que me espera. Ninguno de nosotros debe sentir ese temor. Porque ese lugar desconocido donde tenemos que ir, a veces es donde a menudo encontramos esa fuerza especial, ese pedazo de cielo, aquí mismo en la Tierra.

Permisos